AF189301

Impressum
Verlag: BABADADA GmbH, Nedderfeld 112 , 22529 Hamburg
Geschäftsführer / Verlagsleitung: Harald Hof
Druck: Books on Demand GmbH, In de Tarpen 42, 22848 Norderstedt

Imprint
Publisher: BABADADA GmbH, Nedderfeld 112 , 22529 Hamburg, Germany
Managing Director / Publishing direction: Harald Hof
Print: Books on Demand GmbH, In de Tarpen 42, 22848 Norderstedt

école

мәктәп

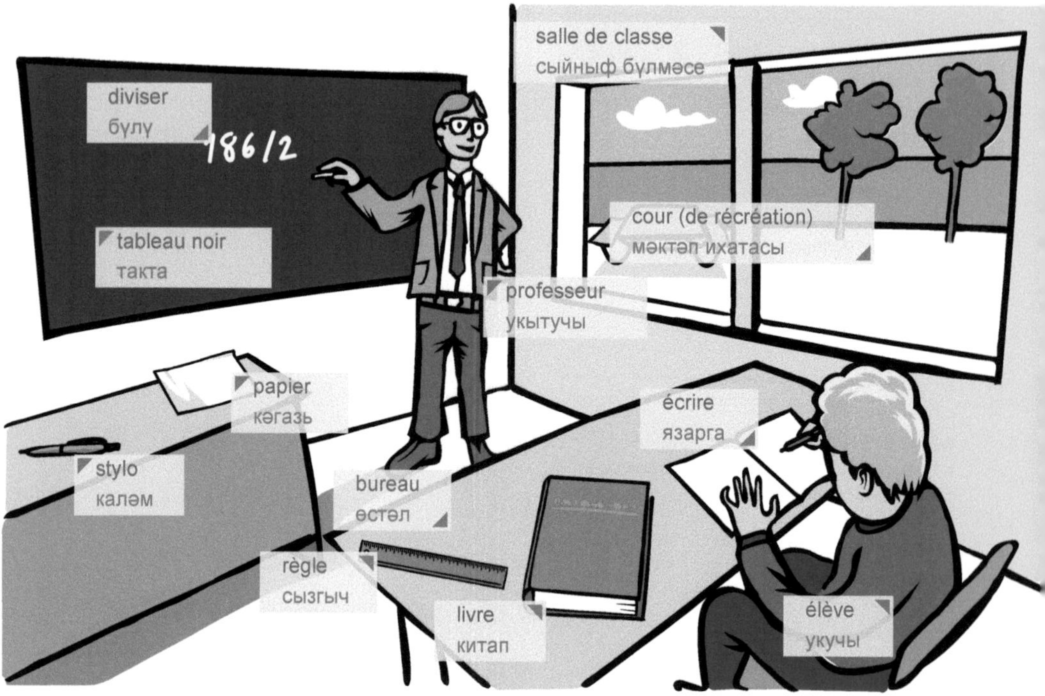
salle de classe
сыйныф бүлмәсе
diviser
бүлү
186/2
tableau noir
такта
cour (de récréation)
мәктәп ихатасы
professeur
укытучы
papier
кәгазь
écrire
язарга
stylo
каләм
bureau
өстәл
règle
сызгыч
livre
китап
élève
укучы

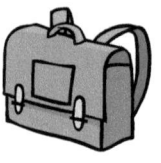

cartable

букча

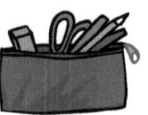

trousse

каләмдан

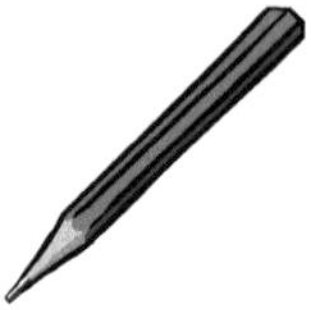

crayon

карандаш

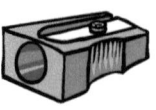

taille-crayon

каләм очлагыч

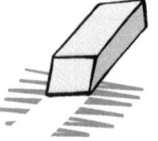

gomme

бетергеч

carnet à dessin

рәсем дәфтәре

dessin

рәсем

pinceau

пумала

boîte de peinture

буяулар тартмасы

ciseaux

кайчы

colle

җилем

cahier d'exercices

дәфтәр

devoirs

өй эше

chiffre

сан

additionner

кушу

soustraire

алу

multiplier

тапкырлау

calculer

исәпләү

lettre

хәреф

alphabet

әлифба

mot

сүз

texte

текст

lire

укырга

craie

акбур

leçon

дәрес

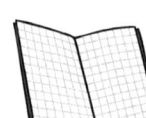

livre de classe

сыйныф журналы

examen

имтихан

certificat

сертификат

uniforme scolaire

мәктәп формасы

formation

мәгариф

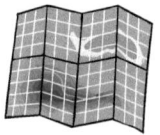

lexique

энциклопедия

université

университет

microscope

микроскоп

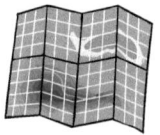

carte

харита

corbeille à papier

чүп кәгазь чиләге

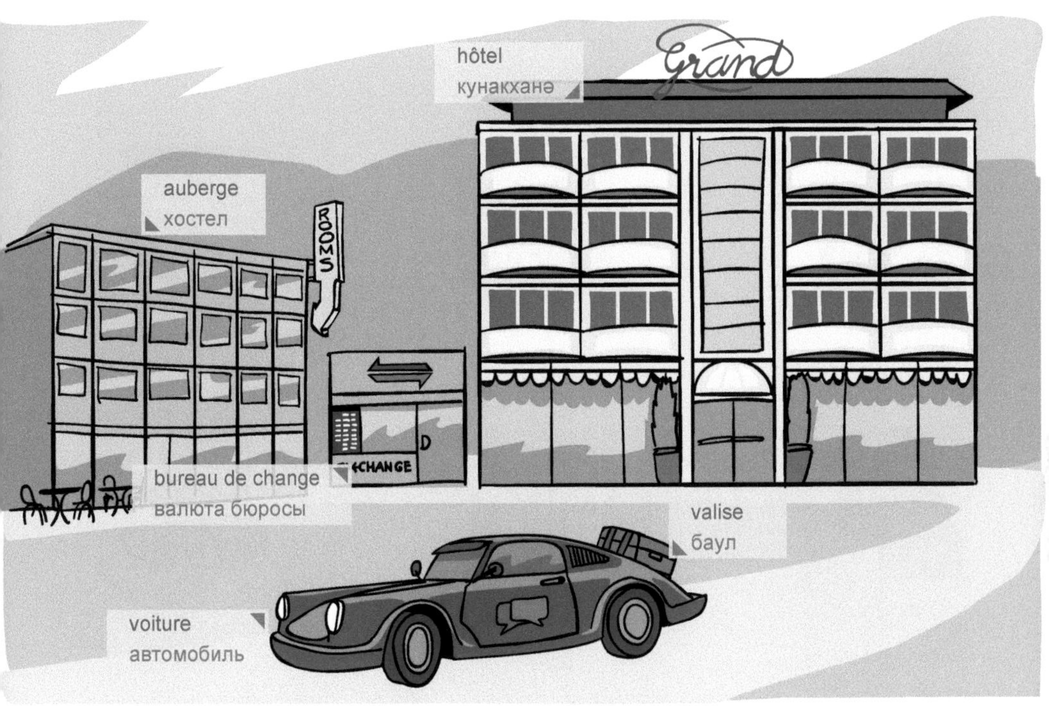

hôtel
кунакханә
Grand
auberge
хостел
ROOMS
CHANGE
bureau de change
валюта бюросы
valise
баул
voiture
автомобиль

langue
тел

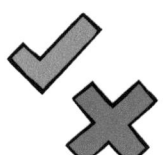

oui / non
әйе / юк

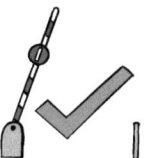

d'accord
ярар

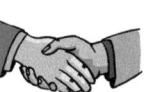

Salut
исәнмесез

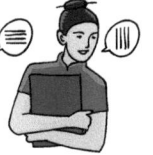

interprète
тәрҗемәче

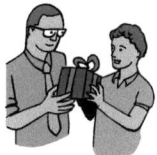

merci
Рәхмәт

Combien coûte...?

... күпме тора?

Je ne comprends pas

мин аңламыйм

problème

проблем

Bonsoir !

Хәерле кич!

Bonjour !

Хәерле иртә!

Bonne nuit !

Тыныч йокы!

Au revoir

сау булыгыз

direction

юнәлеш

bagages

багаж

sac

букча

sac-à-dos

биштәр

hôte

кунак

pièce

бүлмә

sac de couchage

йокы капчыгы

tente

чатыр

office de tourisme

турист мәгълуматы

plage

комсал

carte de crédit

кредит кәрте

petit-déjeuner

иртәнге аш

déjeuner

төшлек

dîner

кичке аш

billet

билет

ascenseur

лифт

timbre

марка

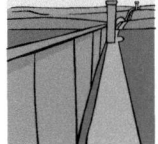

frontière

чик

douane

тамгаханә

ambassade

илчелек

visa

виза

passeport

паспорт

voyage - сәяхәт

transport
транспорт

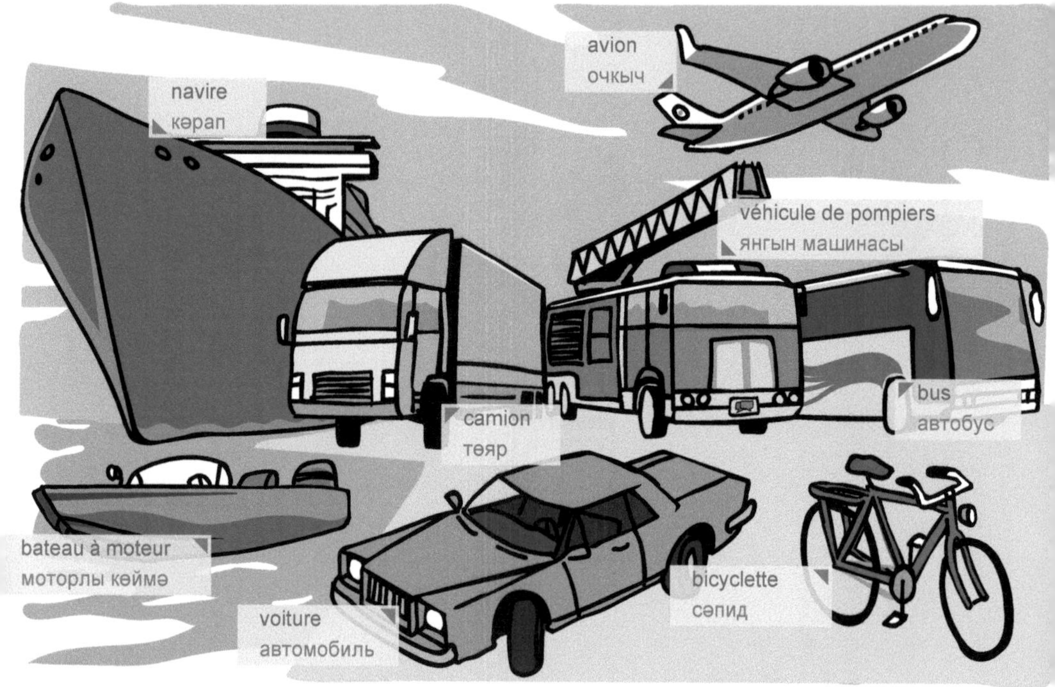

avion
очкыч

navire
кәрап

véhicule de pompiers
янгын машинасы

camion
төяр

bus
автобус

bateau à moteur
моторлы көймә

voiture
автомобиль

bicyclette
сәпид

ferry

борам

barque

көймә

moto

мотоцикл

voiture de police

полиция машинасы

voiture de course

узыш машинасы

voiture de location

киралык машина

transport - транспорт

auto-partage

каршеринг

voiture de remorquage

тартучы

benne à ordures

чүп төяре

moteur

мотор

essence

ягулык

station d'essence

бензинлек

panneau indicateur

трафик билгесе

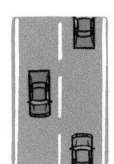

trafic

хәрәкәт

embouteillage

бөке

parking

паркинг

gare

вокзал

rails

рельс

train

поезд

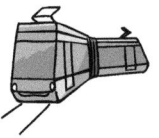

tramway

трамвай

wagon

вагон

transport - транспорт

hélicoptère

боралак

aéroport

һава аланы

tour

манара

passager

юлчы

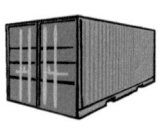

conteneur

контейнер

carton

алап

chariot

йөк арбасы

corbeille

сәбәт

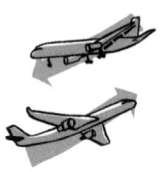

décoller / atterrir

калку / төшү

ville

шәһәр

village

авыл

centre-ville

шәһәр үзәге

maison

йорт

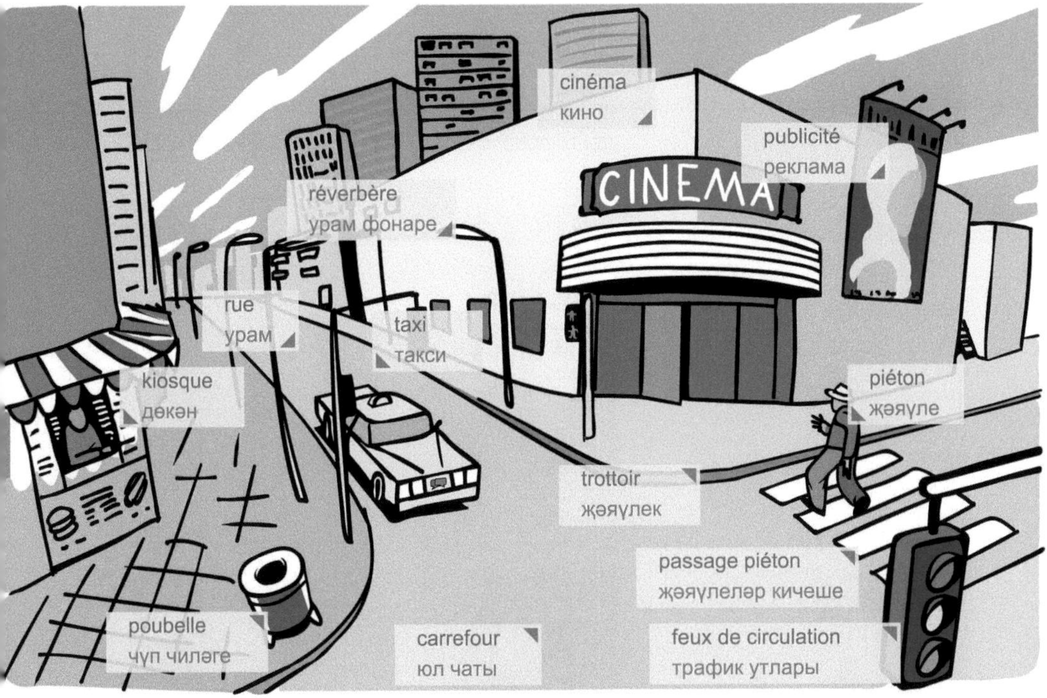

Illustration de ville avec étiquettes :

cinéma / кино

publicité / реклама

CINEMA

réverbère / урам фонаре

rue / урам

taxi / такси

kiosque / дөкән

piéton / җәяүле

trottoir / җәяүлек

passage piéton / җәяүлеләр кичеше

poubelle / чүп чиләге

carrefour / юл чаты

feux de circulation / трафик утлары

cabane
....
алачык

appartement
....
фатир

gare
....
вокзал

mairie
....
шәһәр хакимияте

musée
....
ядкәрханә

école
....
мәктәп

université

университет

banque

банк

hôpital

хастаханә

hôtel

кунакханә

pharmacie

даруханә

bureau

офис

librairie

китап кибете

magasin

кибет

fleuriste

чәчәк кибете

supermarché

супермаркет

marché

базар

grand magasin

зур кибет

poissonnerie

балык кибете

centre commercial

сәүдә үзәге

port

лиман

parc

парк

banque

эскәмия

pont

күпер

escaliers

баскыч

métro

метро

tunnel

тоннель

arrêt de bus

автобус тукталышы

bar

бар

restaurant

ресторан

boîte à lettres

ямыл тартмасы

panneau indicateur

урам билгесе

parcmètre

паркинг санагычы

zoo

хайван бакчасы

piscine

хәвезханә

mosquée

мәчет

ferme

ферма

pollution

керлелек

cimetière

зират

église

чиркәү

aire de jeux

уен аланы

temple

гыйбадәтханә

paysage

тирә-юнь

feuille
яфрак

panneau indicateur
юл күрсәткече

chemin
юл

pré
болын

pierre
таш

arbre
агач

randonneur
йөрешче

rivière
елга

herbe
үлән

fleur
чәчәк

vallée

үзән

montagne

калкулык

lac

күл

forêt

урман

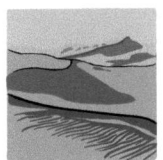

désert

чүл

volcan

янартау

château

ныгытма

arc-en-ciel

салават күпере

champignon

гөмбә

palmier

пальма

moustique

черки

mouche

чебен

fourmis

кырмыска

abeille

бал корты

araignée

үрмәкүч

coléoptère

коңгыз

grenouille

бака

écureuil

тиен

hérisson

керпе

lièvre

куян

chouette

ябалак

oiseau

кош

cygne

аккош

sanglier

кабан дуңгызы

cerf

болан

élan

пошый

barrage

туан

éolienne

җир турбины

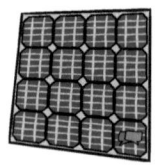

panneau solaire

кояш панеле

climat

икълим

restaurant

ресторан

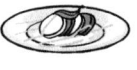

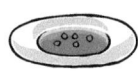

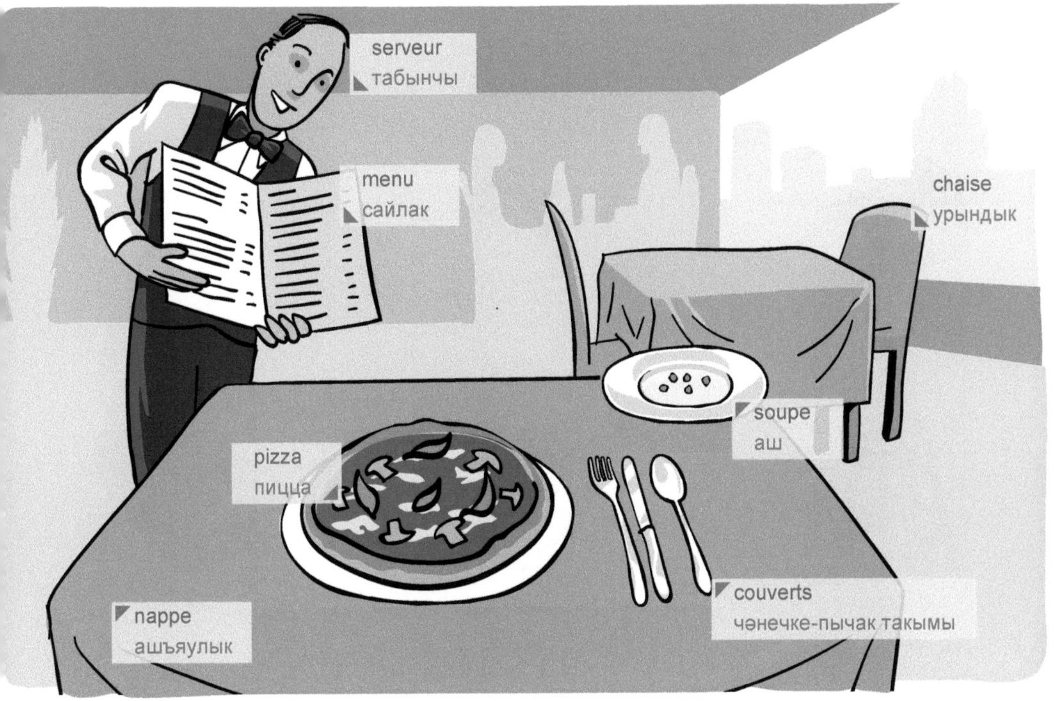
serveur
табынчы
menu
сайлак
chaise
урындык
soupe
аш
pizza
пицца
couverts
чәнечке-пычак такымы
nappe
ашъяулык

hors d'œuvre

кабымлык

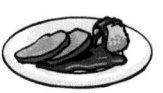

plat principal

төп ашамлык

dessert

татлы

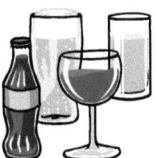

boissons

эчемлекләр

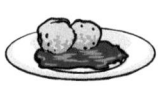

alimentation

азык

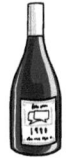

bouteille

шешә

fast-food

фастфуд

plats à emporter

урам ризыгы

théière

чәйгүн

sucrier

шикәр савыты

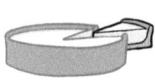

portion

салым

machine à expresso

эспрессо машины

chaise haute

биек урындык

facture

хисап

plateau

төгер

couteau

пычак

fourchette

чәнечке

cuillère

кашык

cuillère à thé

чәй кашыгы

serviette

тастымал

verre

тустаган

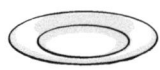

assiette

табак

assiette à soupe

аш табагы

soucoupe

җәйпәк

sauce

соус

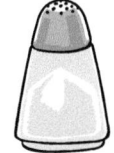

salière

тоз савыты

moulin à poivre

борыч тегермәне

vinaigre

серкә

huile

сыек май

épices

тәмләткеч

ketchup

кетчуп

moutarde

хәрдәл

mayonnaise

майонез

supermarché
супермаркет

offre promotionnelle
махсус тәкъдим
FOR
client
сатып алучы
produits laitiers
сөт эшләнмәләре
fruits
җимеш
chariot
кибет арбасы

BUTCHERS

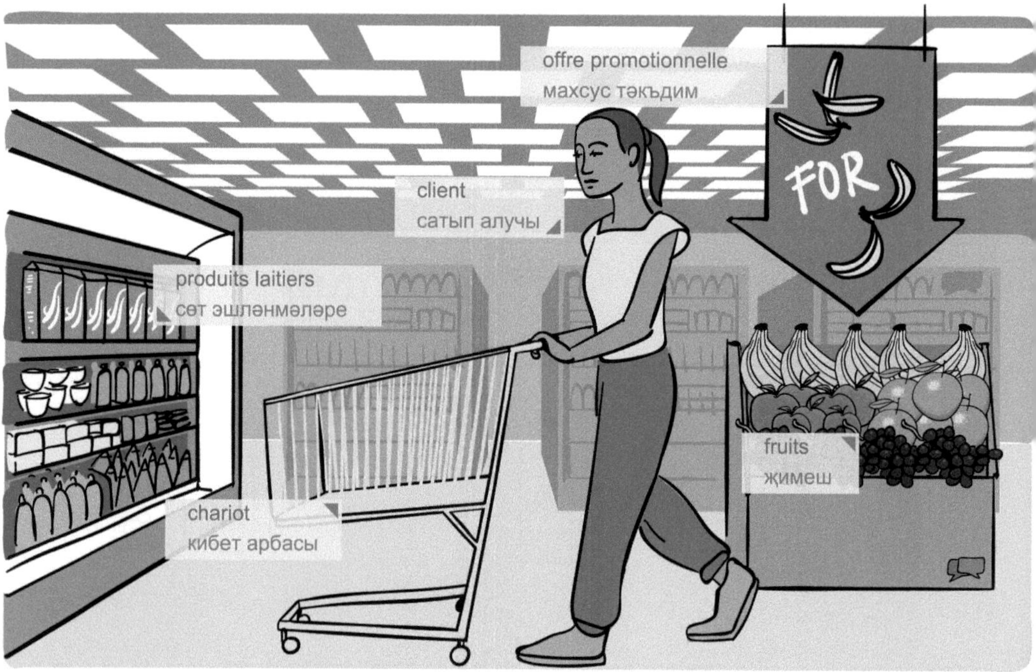

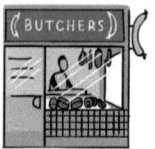

boucherie

ит кибете

BAKERY

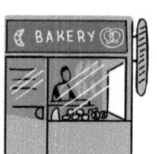

boulangerie

икмәкханә

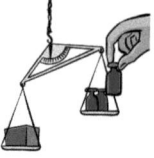

peser

үлчәү

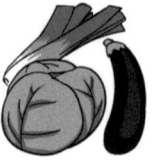

légumes

яшелчә

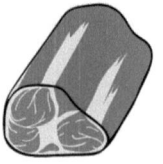

viande

ит

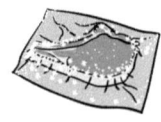

aliments surgelés

туңдырылган ашамлыклар

charcuterie

суык ит

conserves

кәнсирләнгән ашамлык

poudre à lessive

кер юу порошогы

bonbons

шикәрләмәләр

articles ménagers

өй эшләнмәләре

détergents

тәмизлек эшләнмәләре

vendeuse

сатучы

caisse

язучы касса

caissier

кассир

liste d'achats

сатып алу исемлеге

heures d'ouverture

эш вакыты

portefeuille

калта

carte de crédit

кредит кәрте

sac

букча

sac en plastique

пластик капчык

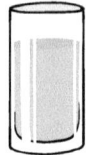

eau

су

jus de fruit

сут

lait

сөт

coca

кола

vin

шәраб

bière

сыра

alcool

хәмер

chocolat chaud

какао

thé

чәй

café

каһвә

expresso

эспрессо

cappuccino

капучино

banane

банан

pomme

алма

orange

әфлисун

melon

карбыз

citron

лимон

carotte

кишер

ail

сарымсак

bambou

бамбук

oignon

суган

champignon

гөмбә

noisettes

чикләвекләр

pâtes

токмач

spaghetti

спагетти

riz

дөге

salade

салат

pommes frites

чипсы

pommes de terre rôties

кыздырылган бәрәңге

pizza

пицца

hamburger

гамбургер

sandwich

сэндвич

escalope

кәтлит

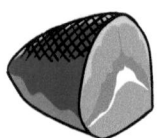

jambon

ветчина

salami

салями

saucisse

сосиска

poulet

тавык

rôti

кыздырма

poisson

балык

flocons d'avoine

солы измәсе

muesli

мюсли

cornflakes

мәккәй кетердеге

farine

он

croissant

круассан

petits-pains

ипи түгәрәге

pain

икмәк

pain grillé

тост

biscuits

кәтәрмәч

beurre

май

le fromage blanc

эремчек

gâteau

кейк

œuf

йомырка

œuf au plat

тәбә

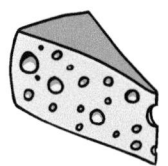

fromage

сыр

glace

туңдырма

sucre

шикәр

miel

бал

confiture

кайнатма

crème nougat

шоколад измәсе

curry

карри

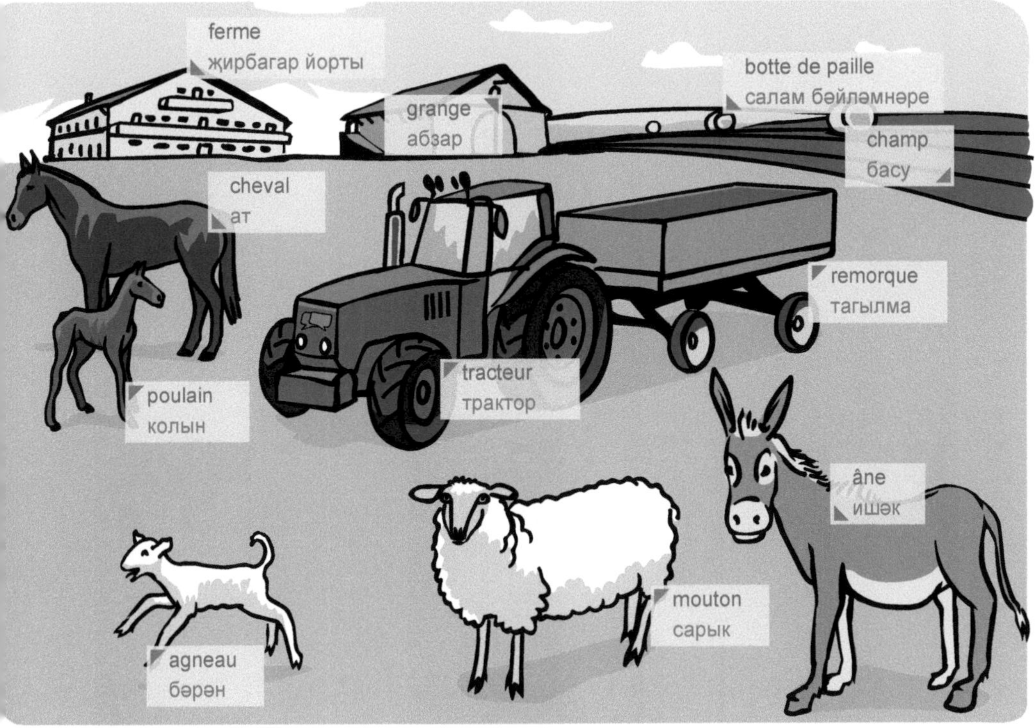

ferme
жирбагар йорты

grange
абзар

botte de paille
салам бәйләмнәре

champ
басу

cheval
ат

remorque
тагылма

tracteur
трактор

poulain
колын

âne
ишәк

agneau
бәрән

mouton
сарык

chèvre

кәҗә

vache

сыер

veau

бозау

porc

дуңгыз

porcelet

дуңгыз баласы

taureau

үгез

oie

каз

canard

үрдәк

poussin

чеби

poule

тавык

coq

әтәч

rat

күсе

chat

песи

souris

тычкан

bœuf

эш үгезе

chien

эт

chenil

эт оясы

tuyau de jardin

бакча хортумы

arrosoir

сусипкеч

faucheuse

чалгы

charrue

сабан

faucille

урак

pioche

китмән

fourche

сәнәк

hache

балта

brouette

кул арбасы

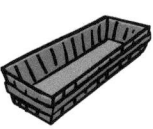

cuve

тагарак

pot à lait

сөт чиләге

sac

капчык

clôture

койма

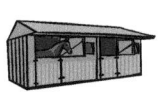

étable

абзар

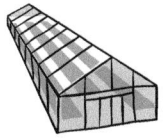

serre

эссеханә

sol

туфрак

semences

орлык

engrais

ашлама

moissonneuse-batteuse

комбайн

récolter

уңыш җыярга

récolte

уңыш

igname

ям

blé

бодай

soja

соя

pomme de terre

бәрәңге

maïs

мәккәй

colza

рапс

arbre fruitier

җимеш агачы

manioc

маниок

céréales

бөртеклеләр

maison
йорт

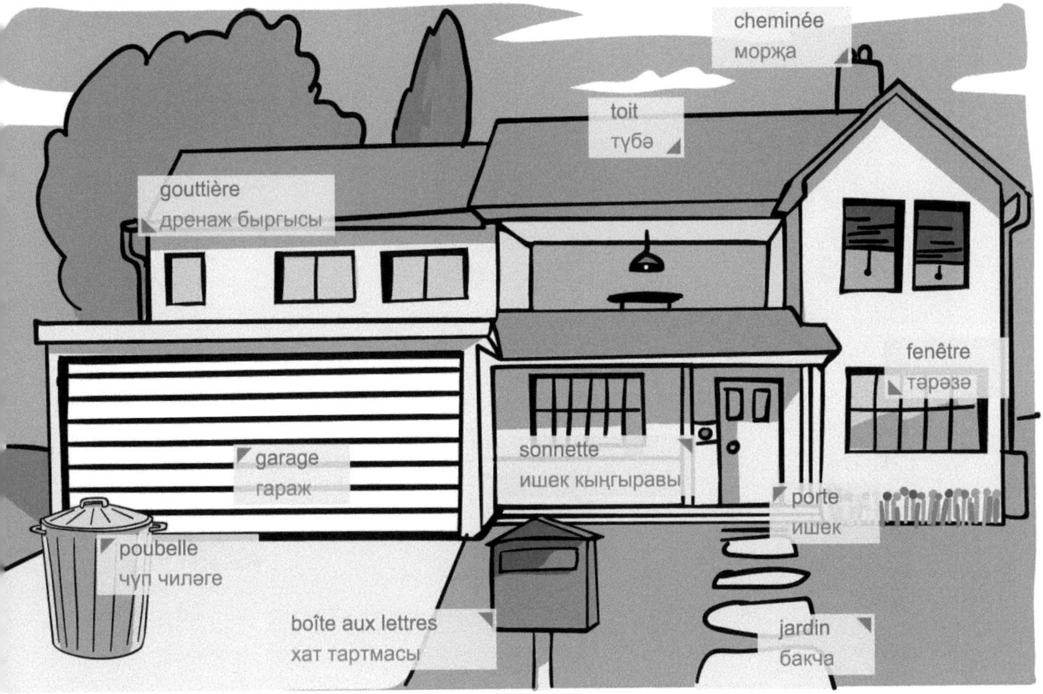
cheminée
моржа
toit
түбә
gouttière
дренаж быргысы
fenêtre
тәрәзә
sonnette
ишек кыңгыравы
garage
гараж
porte
ишек
poubelle
чүп чиләге
boîte aux lettres
хат тартмасы
jardin
бакча

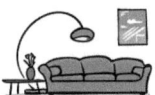

salon

кунак бүлмәсе

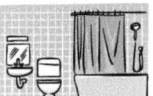

salle de bain

юыну бүлмәсе

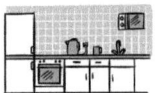

cuisine

аш бүлмәсе

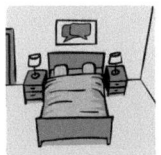

chambre à coucher

ятак бүлмәсе

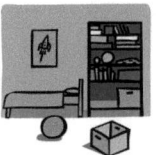

chambre d'enfant

бала бүлмәсе

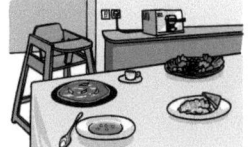

salle à manger

аш бүлмәсе

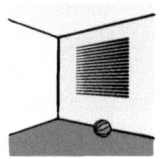

sol

идән

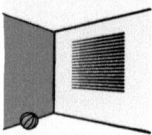

mur

дивар

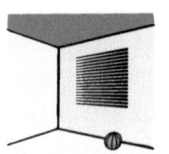

plafond

түшәм

cave

түлә

sauna

сауна

balcon

балкон

terrasse

терраса

piscine

хәвез

tondeuse à gazon

чирәмчапкыч

housse

җәймә

couette

ятак япмасы

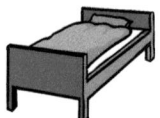

lit

ятак

balai

себерке

sceau

чиләк

interrupteur

өзгеч

salon

кунак бүлмәсе

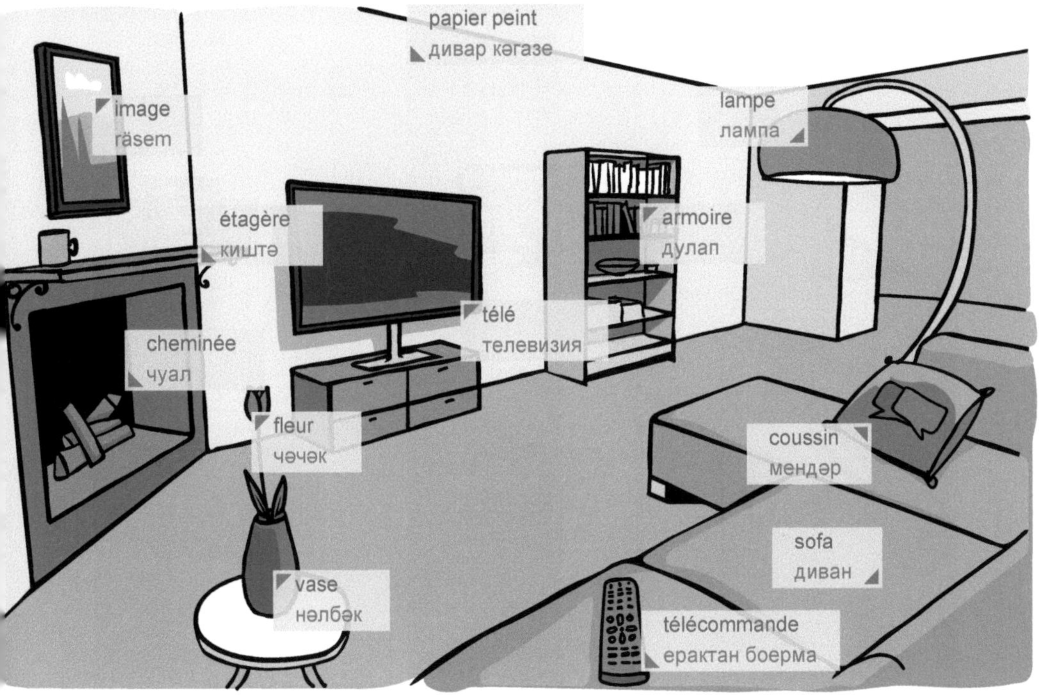
papier peint
дивар кәгазе
image
räsem
lampe
лампа
étagère
киштә
armoire
дулап
télé
телевизия
cheminée
чуал
fleur
чәчәк
coussin
мендәр
sofa
диван
vase
нәлбәк
télécommande
ерактан боерма

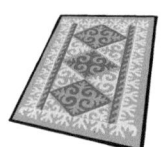

tapis

келәм

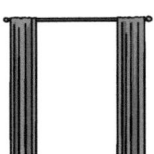

rideau

пәрдә

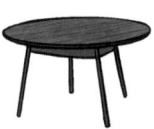

table

өстәл

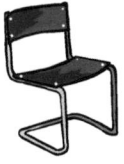

chaise

урындык

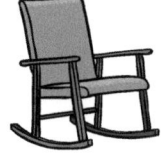

chaise à bascule

тирбәлмә урындык

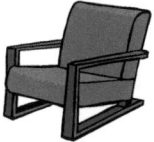

fauteuil

кәнәфи

livre

китап

couverture

япма

décoration

декор

bois de chauffage

утын

film

фильм

chaîne hi-fi

hi-fi

clé

ачкыч

journal

гәжит

peinture

сурәт

poster

постер

radio

радио

bloc-notes

куен дәфтәре

aspirateur

тузансуыргыч

cactus

кактус

bougie

шәм

cuisine
аш бүлмәсе

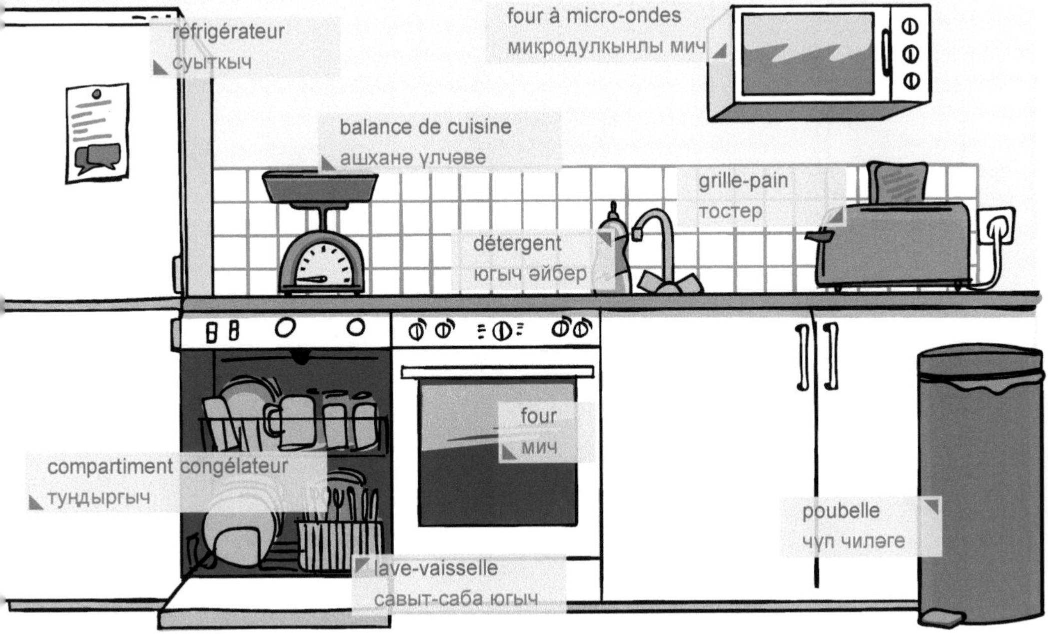

réfrigérateur
суыткыч
four à micro-ondes
микродулкынлы мич
balance de cuisine
ашханә үлчәве
grille-pain
тостер
détergent
югыч әйбер
four
мич
compartiment congélateur
туңдыргыч
poubelle
чүп чиләге
lave-vaisselle
савыт-саба югыч

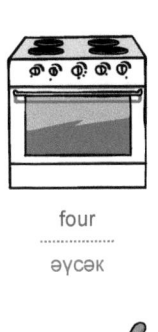

four

әүсәк

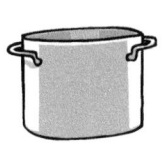

casserole

саган

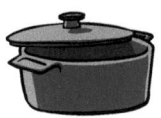

marmite

чуен саган

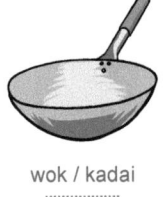

wok / kadai

вок

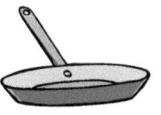

poêle

таба

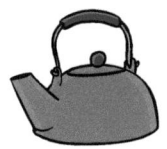

bouilloire electrique

чәйгүн

cuiseur vapeur

булы пешергеч

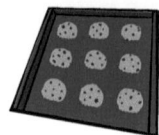

plaque de cuisson

калай

vaisselle

савыт-саба

gobelet

тәгәч

coupe

касә

baguettes

ашау таякчыклары

louche

уҗау

spatule

спатула

fouet

туглагыч

passoire

сөзгеч

tamis

иләк

râpe

кыргыч

mortier

киле

barbecue

барбекю

cheminée

ачык учак

planche à découper

такта

rouleau à pâtisserie

уклау

tire-bouchon

бөке суыргыч

boîte

металл тартма

ouvre-boîte

кәнсир ачкыч

maniques

мич бияләе

lavabo

киршән

brosse

фырча

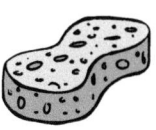

éponge

болыт

mixeur

блендер

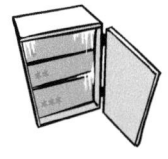

congélateur

тирән туңдыргыч

biberon

имезлекле шешә

robinet

чөмәк

salle de bain
юыну бүлмәсе

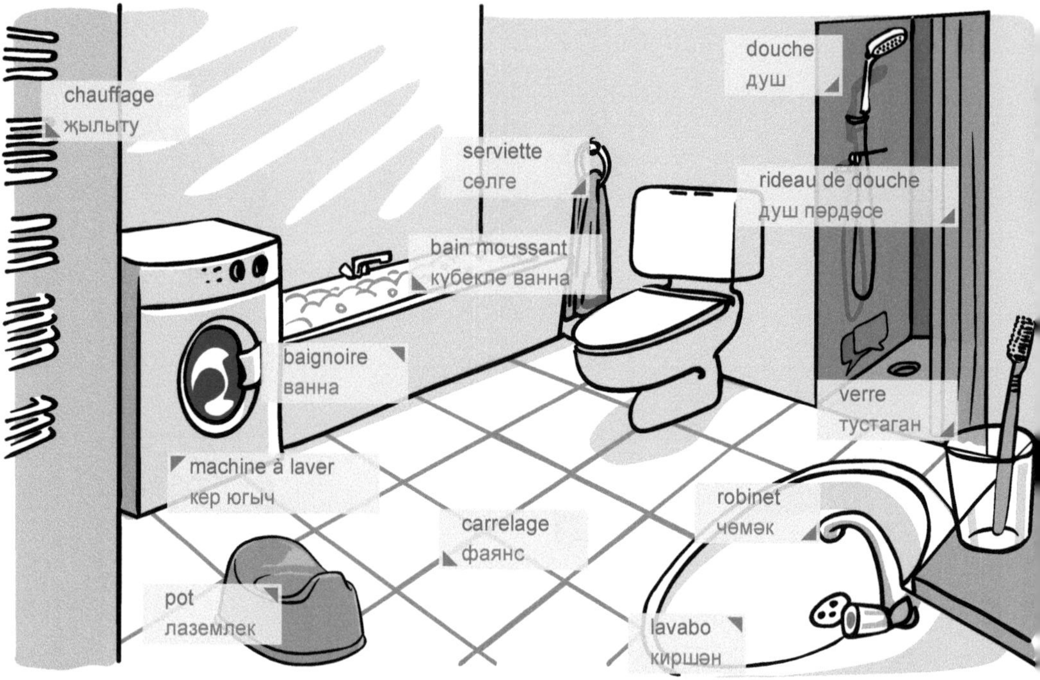

chauffage
жылыту

douche
душ

serviette
сөлге

rideau de douche
душ пәрдәсе

bain moussant
күбекле ванна

baignoire
ванна

verre
тустаган

machine à laver
кер югыч

robinet
чөмәк

carrelage
фаянс

pot
лаземлек

lavabo
киршән

toilettes
бәдрәф

toilette à la turque
төрекчә бәдрәф

bidet
биде

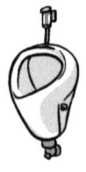

urinoir
писсуар

papier toilette
бәдрәф кәгазе

brosse à toilette
бәдрәф фырчасы

brosse à dents

теш фырчасы

dentifrice

теш мәгъҗүне

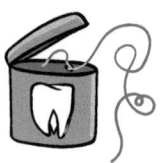

fil dentaire

теш җебе

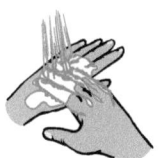

laver

юарга

douche manuelle

душ башлыгы

douche intime

душ

vasque

киршән

brosse dorsale

арка фырчасы

savon

сабын

gel douche

душ сеңәле

shampooing

шампунь

gant de toilette

мунчала

écoulement

агым

crème

крем

déodorant

дезодорант

miroir

көзге

miroir cosmétique

кул көзгесе

rasoir

өстәрә

mousse à raser

кырыну күбеге

après-rasage

кырыну лосьоны

peigne

тарак

brosse

щётка

sèche-cheveux

фен

laque pour cheveux

чәч спрее

fond de teint

макияж

rouge à lèvres

ирен иннеге

vernis à ongles

тырнак җәләсе

ouate

мамык

coupe-ongles

тырнак кайчысы

parfum

хушбуй

trousse de toilette

макияж букчасы

tabouret

утыргыч

pèse-personne

үлчәү

peignoir

чоба

gants de nettoyage

резин иләсә

tampon

тампон

serviettes hygiéniques

һигиеник пәд

toilette chimique

химияви бәдрәф

chambre d'enfant

бала бүлмәсе

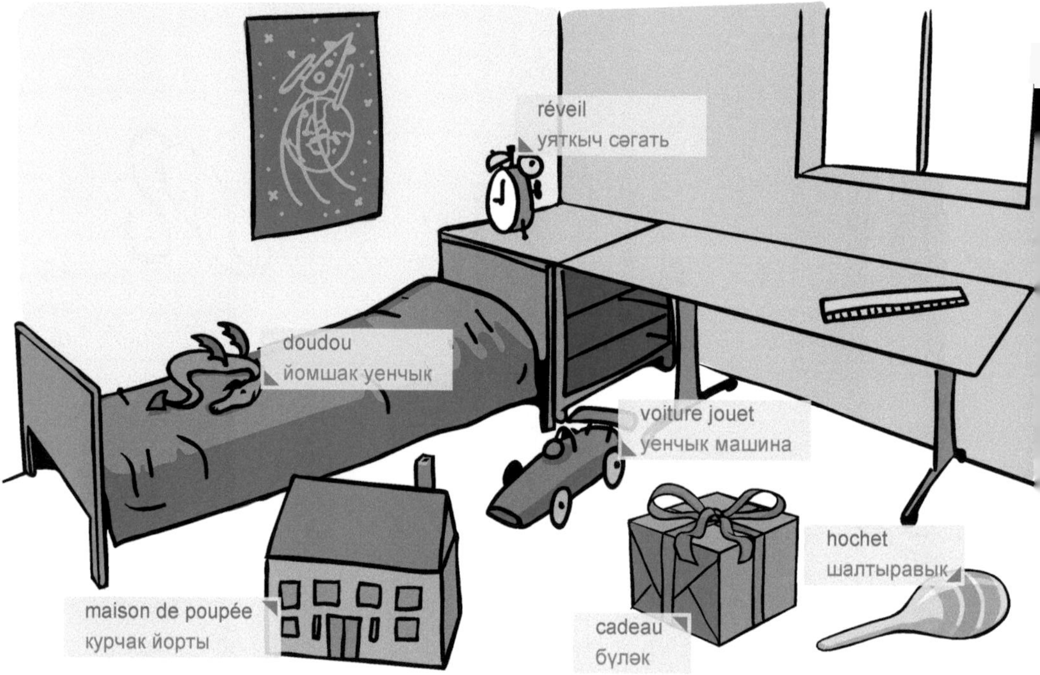

réveil
уяткыч сәгать
doudou
йомшак уенчык
voiture jouet
уенчык машина
hochet
шалтыравык
maison de poupée
курчак йорты
cadeau
бүләк

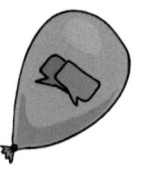

ballon

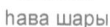

hава шары

lit

ятак

poussette

бәби арбасы

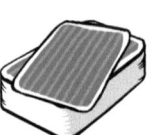

jeu de cartes

кәрт дәстәсе

puzzle

пазл

SUPER
MEGA

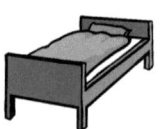

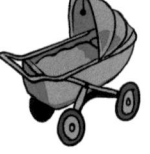

bande dessinée

комикс

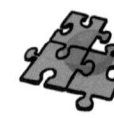

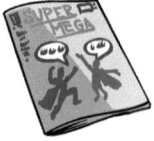

pièces lego

лего кирпечләре

blocs de construction

шакмаклар

figurine

уен сынчыгы

grenouillère

зыбын

frisbee

фрисби

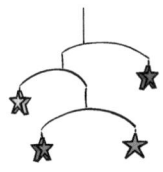

mobile

мобиль

jeu de société

өстәл уены

dé

уен ташы

train miniature

поезд моделе җыелмасы

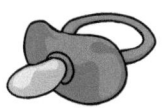

sucette

имезлек

fête

кичә

livre d'images

рәсемле китап

balle

туп

poupée

курчак

jouer

уйнарга

bac à sable
....
комлык

balançoire
....
таган

jouets
....
уенчыклар

console de jeu
....
уен кушмасы

tricycle
....
өч көпчәкле сәпид

ours en peluche
....
уенчык аю

armoire
....
кием дулабы

vêtements

кием

chaussettes
....
оекбаш

bas
....
оек

collant
....
оегыштан

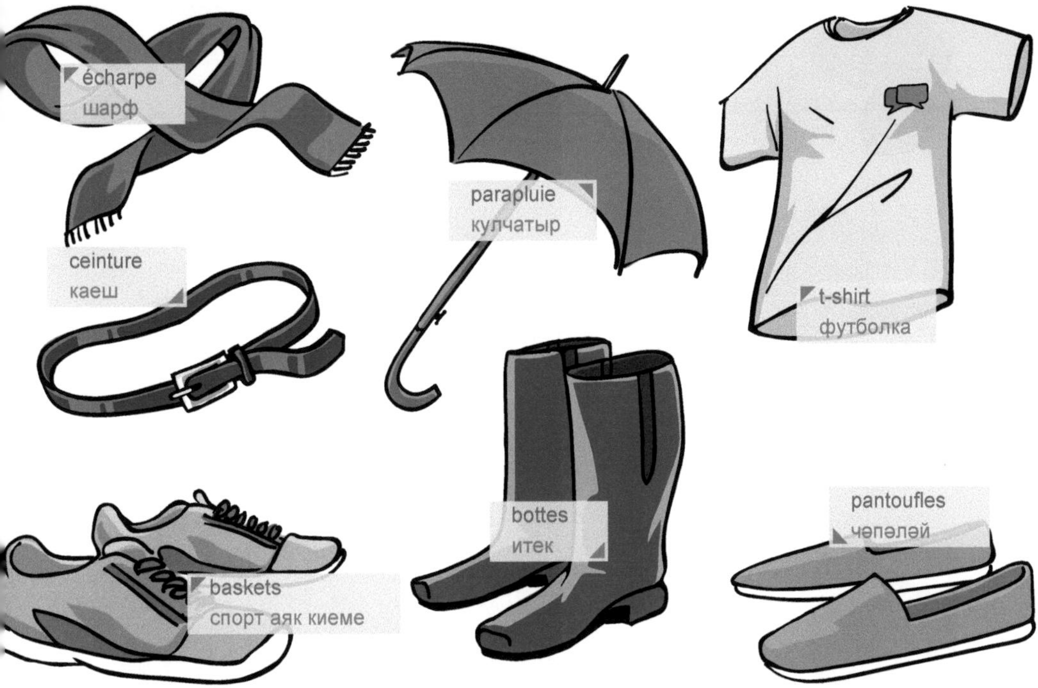

écharpe
шарф

parapluie
кулчатыр

t-shirt
футболка

ceinture
каеш

bottes
итек

pantoufles
чөпәләй

baskets
спорт аяк киеме

sandales

сандаллар

chaussures

аяк киеме

bottes de caoutchouc

резин итек

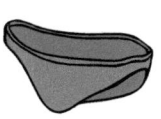

sous-vêtements

төнбан

soutien-gorge

түшти

maillot de corps

жәләк

body

боди

pantalon

чалбар

jean

джинс

jupe

итәк

chemisier

блузка

chemise

күлмәк

pull

свитер

sweat à capuche

худи

veste

блейзер

veste

жакет

manteau

бишмәт

imperméable

яңгырлык

costume

кәчтүм

robe

күлмәк

robe de mariée

туй күлмәге

costume

такым кием

chemise de nuit

төнге күлмәк

pyjama

пижама

sari

сари

foulard

яулык

turban

чалма

burqa

бурка

caftan

чапан

abaya

абая

maillot de bain

коену киеме

maillot de bain

йөзү тәнбаны

short

шорт

tenue d'entraînement

спорт киеме

tablier

алъяпкыч

gants

иләсә

bouton

төймә

lunettes

күзлек

bracelet

беләзек

collier

муенса

bague

балдак

boucle d'oreille

алка

bonnet

кәпәч

cintre

элгеч

chapeau

эшләпә

cravate

галстук

fermeture éclair

зынҗыр

casque

очлам

bretelles

чалбар асмасы

uniforme scolaire

мәктәп формасы

uniforme

форма

bavoir

балалар күкрәкчәсе

sucette

имезлек

lange

күзәлә

bureau
офис

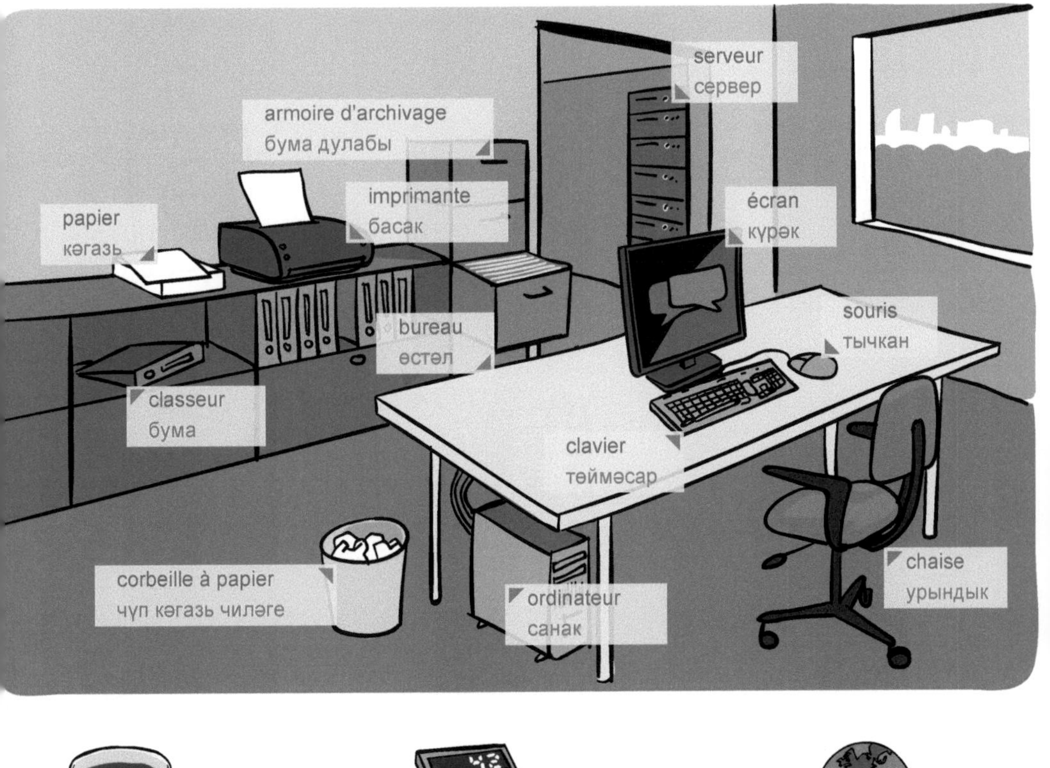

офис

serveur
сервер

armoire d'archivage
бума дулабы

imprimante
басак

papier
кәгазь

écran
күрәк

souris
тычкан

bureau
өстәл

classeur
бума

clavier
төймәсар

corbeille à papier
чүп кәгазь чиләге

chaise
урындык

ordinateur
санак

tasse de café

каһвә тәгәче

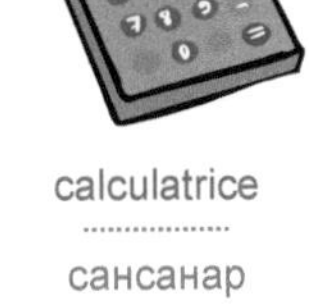

calculatrice

сансанар

internet

интернет

ordinateur portable

ләптоп

lettre

хат

message

хәбәр

portable

кесә телефоны

réseau

челтәр

photocopieuse

фотокопияче

logiciel

програм тәэминаты

téléphone

телефон

prise

аергыч

fax

факс

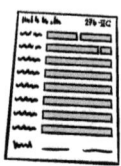

formulaire

форм

document

документ

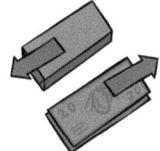

acheter

сатып алырга

payer

түләргә

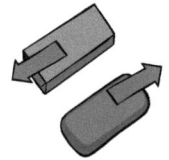

faire du commerce

сәүдә итәргә

monnaie

акча

dollar

доллар

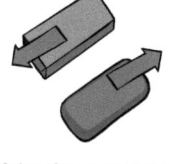

euro

евро

yen

иена

rouble

сум

franc suisse

франк

renminbi yuan

юан

roupie

рупи

distributeur automatique

банкомат

bureau de change

валюта бюросы

or

алтын

argent

көмеш

pétrole

карамай

énergie

энергия

prix

бәя

contrat

контракт

taxe

салым

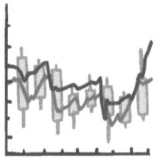

action

сток

travailler

эшләргә

employé

эшче

employeur

эш бирүче

usine

фабрика

magasin

кибет

agent de police
полиция хезмәткәре

pompier
янгын сүндерүче

cuisinier
ашчы

médecin
табиб

pilote
очучы

jardinier

бакчачы

menuisier

агач остасы

couturière

тегүче

juge

хөкемче

chimiste

химияче

acteur

актер

conducteur de bus

автобус йөртүче

chauffeur de taxi

таксиче

pêcheur

балыкчы

femme de ménage

җыештыручы хатын

couvreur

түбә ябучы

serveur

табынчы

chasseur

аучы

peintre

рәссам

boulanger

икмәкче

électricien

электрчы

ouvrier

төзүче

ingénieur

мөһәндис

boucher

итче

plombier

чөмәкче

facteur

ямылчы

soldat

гаскәри

architecte

мигъмар

caissier

кассир

fleuriste

чәчәкче

coiffeur

чәчтараш

contrôleur

кондуктор

mécanicien

механик

capitaine

капитан

dentiste

теш табибы

scientifique

галим

rabbin

раввин

imam

имам

moine

кәшиш

prêtre

рухани

outils

аләтләр

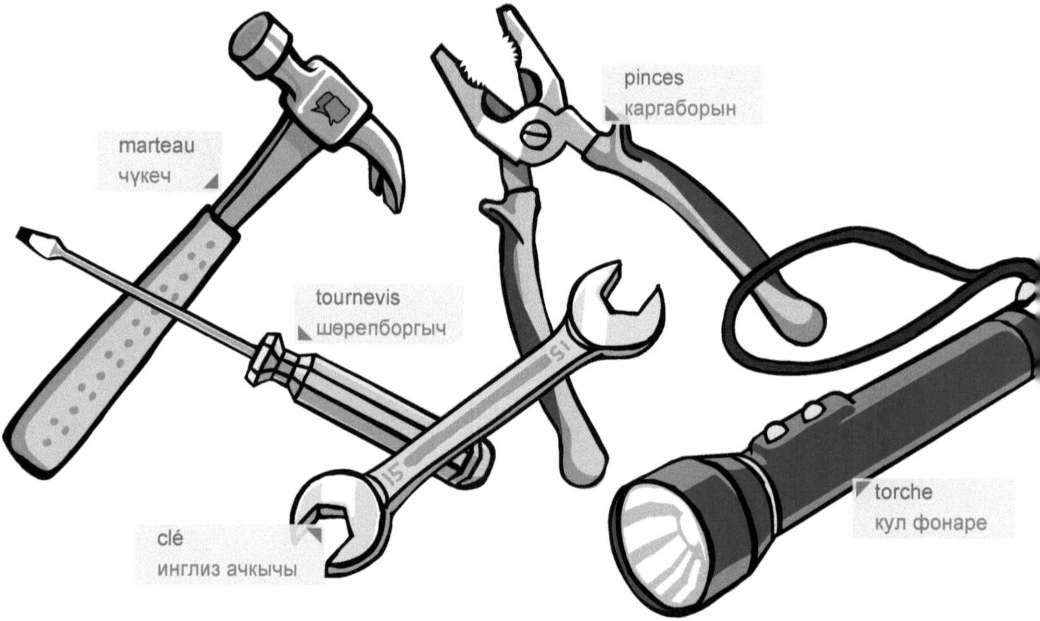
marteau
чүкеч
pinces
каргаборын
tournevis
шөрепборгыч
clé
инглиз ачкычы
torche
кул фонаре

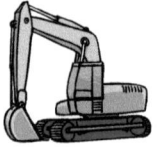

pelleteuse

казу машинасы

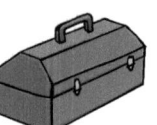

boîte à outils

аләт букчасы

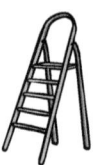

échelle

баскыч

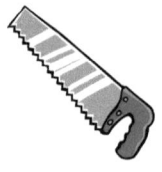

scie

пычкы

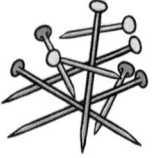

clous

кадаклар

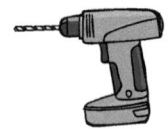

perceuse

дрель

réparer

төзәтергә

pelle

көрәк

Mince !

Шайтан алгыры!

pelle

соскы

pot de peinture

буяу савыты

vis

мыклар

instruments de musique
музыка аләтләре

batterie
давылбаз такымы

haut-parleurs
тавыш көчәйткеч

guitare
гитара

contrebasse
контрабас

trompette
быргы

piano

пианино

violon

кәман

basse

бас-гитара

timbales

тимпани

tambour

давылбаз

piano électrique

төймәсар

saxophone

саксофон

flûte

флейта

microphone

микрофон

zoo

хайван бакчасы

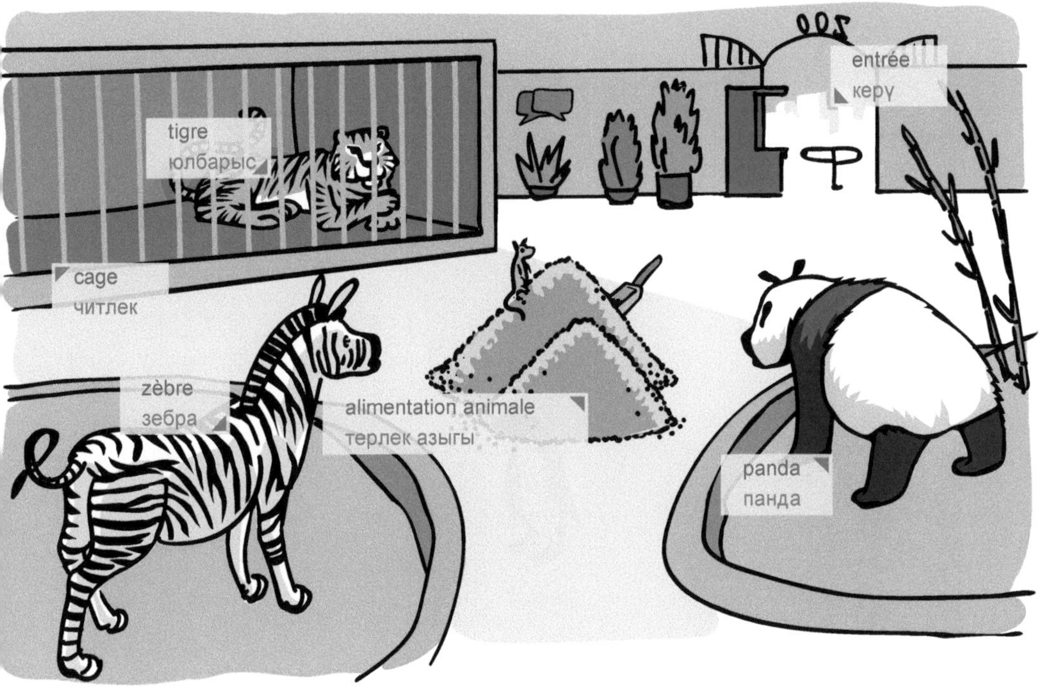
zoo
entrée
керү
tigre
юлбарыс
cage
читлек
zèbre
зебра
alimentation animale
терлек азыгы
panda
панда

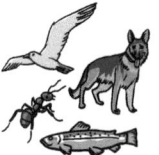

animaux

хайваннар

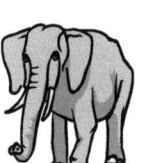

éléphant

фил

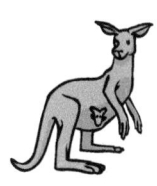

kangourou

кенгерә

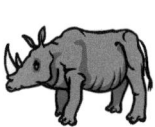

rhinocéros

кәркәдән

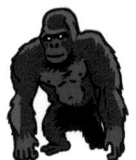

gorille

горилла

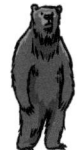

ours

аю

chameau

дөя

autruche

тәвә кошы

lion

арыслан

singe

маймыл

flamand rose

фламинго

perroquet

тутый кош

ours polaire

ак аю

pingouin

пингвин

requin

күпек балыгы

paon

тавис

serpent

елан

crocodile

тимсах

gardien de zoo

хайван бакчасы
хезмәткәре

phoque

су эте

jaguar

ягуар

poney

пони

léopard

каплан

hippopotame

су айгыры

girafe

зөрәфә

aigle

бөркет

sanglier

кабан дуңгызы

poisson

балык

tortue

ташбака

morse

морж

renard

төлке

gazelle

газәл

american Football
Америка футболы

cyclisme
сәпид

tennis
теннис

basket-ball
баскетбол

natation
йөзү

boxe
бокс

hockey sur glace
хоккей

football
футбол

badminton
бадминтон

athlétisme
атлетика

handball
гандбол

ski
чаңгы

polo
поло

activités

иткенлеклəр

rire
көлəргə
sauter
сикерергə
embrasser
кочакларга
marcher
йөрергə
chanter
җырларга
rêver
хыялланырга
prier
гыйбадəт кылырга
faire la bise
үбəргə

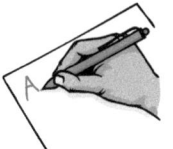

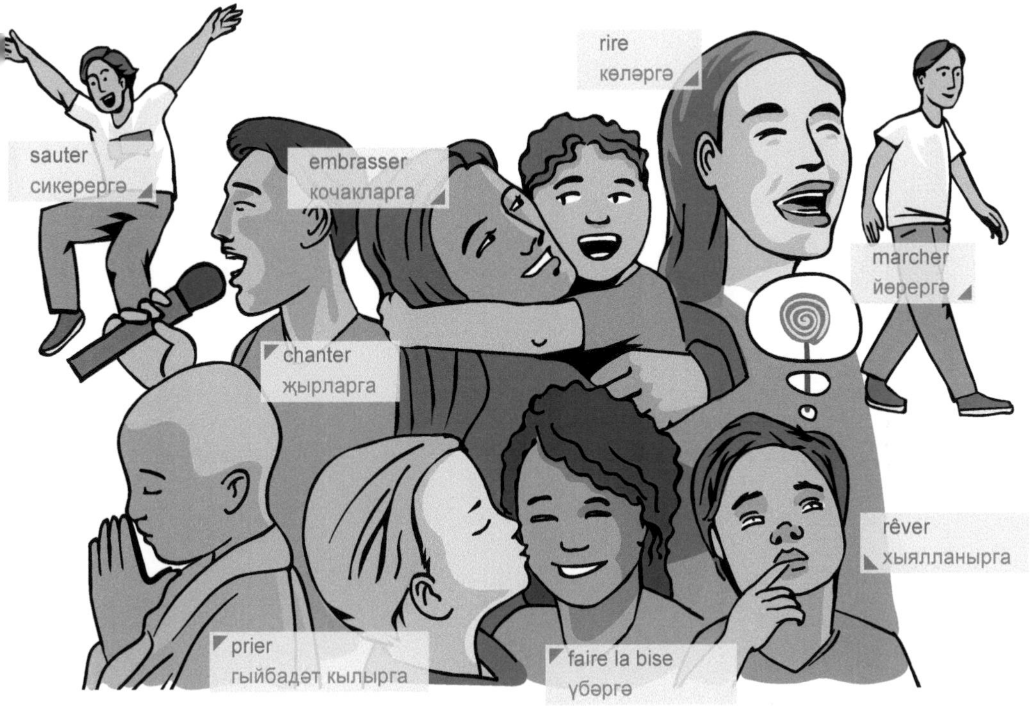

écrire

язарга

dessiner

рəсем ясарга

montrer

күрсəтергə

pousser

этəргə

donner

бирергə

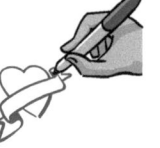

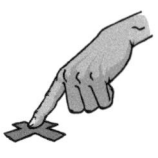

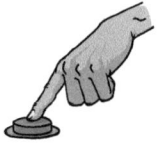

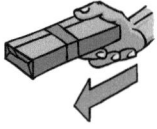

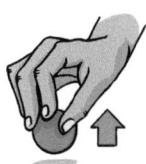

prendre

алырга

avoir

ия булырга

faire

эшләргә

être

булырга

être debout

басып торырга

courir

йөгерергә

trier

тартырга

jeter

ташларга

tomber

егылырга

être couché

ятарга

attendre

көтәргә

porter

ташырга

être assis

утырырга

s'habiller

киенергә

dormir

йокларга

se réveiller

уянырга

activités - иткенлекләр

regarder

карарга

pleurer

еларга

caresser

сыйпарга

peigner

тарарга

parler

сөйләшергә

comprendre

аңларга

demander

сорарга

écouter

тыңларга

boire

эчәргә

manger

ашарга

ranger

җыештырынырга

aimer

сөяргә

cuire

пешерергә

conduire

сөрергә

voler

очарга

faire de la voile

диңгезгә ачылу

calculer

исәпләү

lire

укырга

apprendre

өйрәнергә

travailler

эшләргә

se marier

өйләнергә

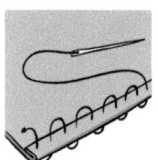

coudre

тегәргә

brosser les dents

теш фырчаларга

tuer

үтерергә

fumer

тәмәке тартырга

envoyer

җибәрергә

grand-mère
әби

grand-père
бабай

père
ата

mère
ана

bébé
сабый

fille
кыз

fils
ул

hôte

кунак

tante

апа

oncle

абый

frère

абый / эне

sœur

апа / сеңел

corps

тән

front
маңгай
œil
күз
épaule
иңбаш
doigt
бармак
visage
бит
menton
ияк
main
кул чугы
jambe
аяк
poitrine
күкрәк
bras
кул

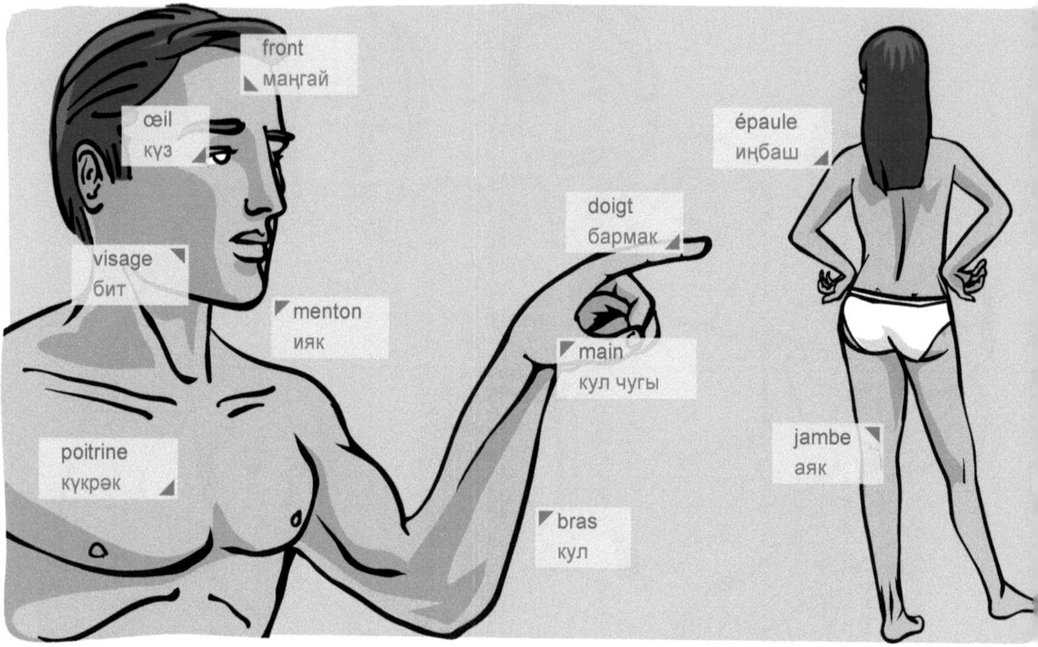

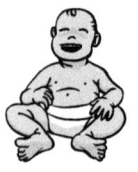

bébé

сабый

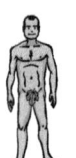

homme

ир

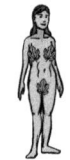

femme

хатын

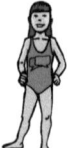

fille

кыз

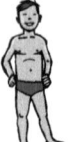

garçon

малай

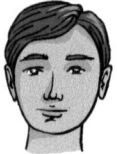

tête

баш

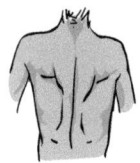

dos

арка

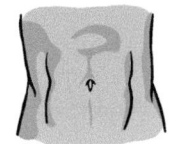

ventre

эч

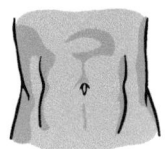

nombril

кендек

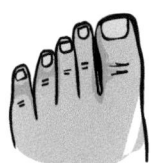

orteil

аяк бармагы

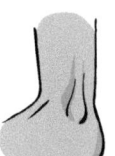

talon

үкчә

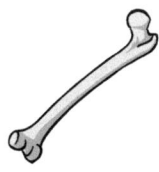

os

сөяк

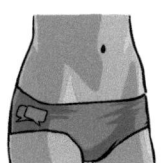

hanche

бот

genou

тез

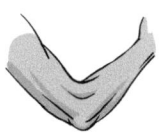

coude

терсәк

nez

борын

fesses

арт сан

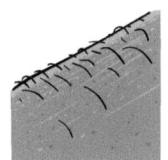

peau

тире

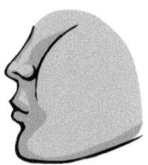

joue

яңак

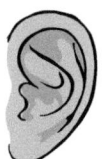

oreille

колак

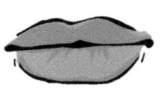

lèvre

ирен

bouche

авыз

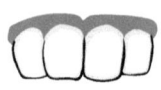

dent

теш

langue

тел

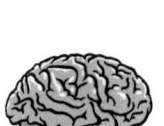

cerveau

ми

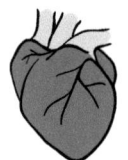

cœur

йөрәк

muscle

газлә

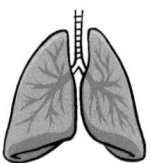

poumons

үпкә

foie

бавыр

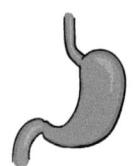

estomac

ашказаны

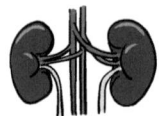

reins

бөерләр

rapport sexuel

секс

préservatif

презерватив

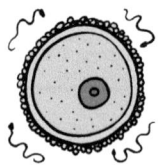

ovule

күкәй күзәнәк

sperme

мәни

grossesse

көмән

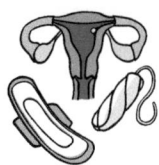

menstruation

күрем

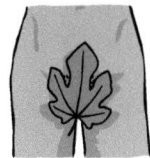

vagin

вагина

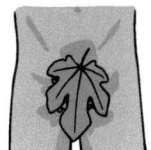

pénis

пенис

sourcil

каш

cheveux

чәчләр

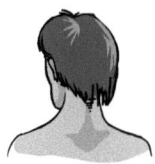

cou

муен

hôpital
хастаханә

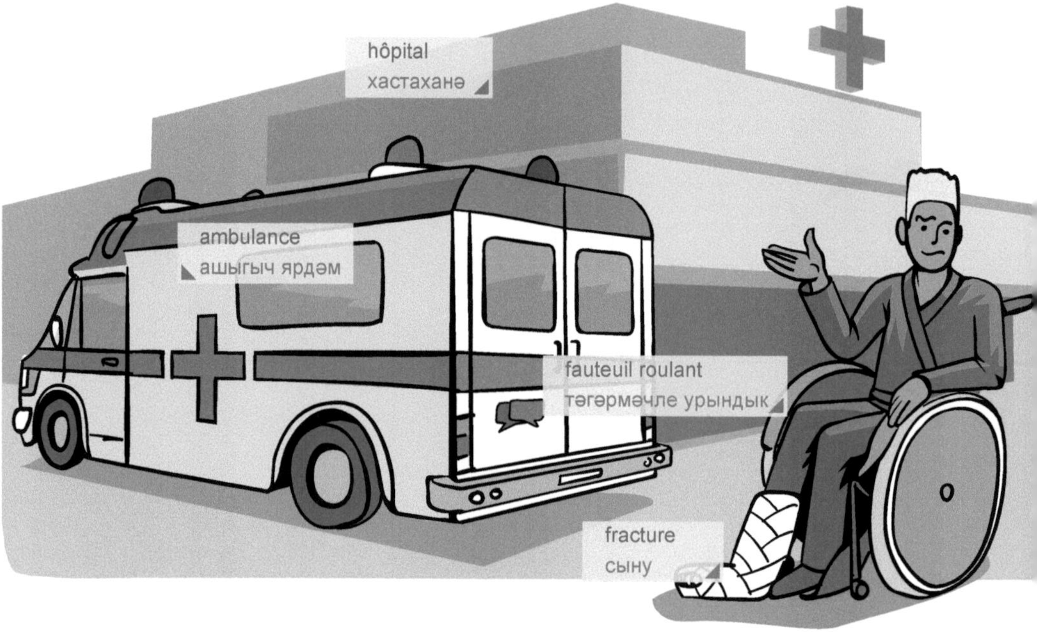

hôpital
хастаханә
ambulance
ашыгыч ярдәм
fauteuil roulant
тәгәрмәчле урындык
fracture
сыну

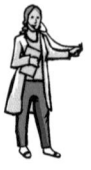

médecin
табиб

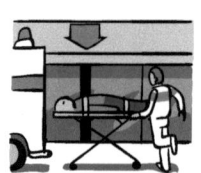

service des urgences
ашыгыч ярдәм бүлмәсе

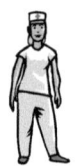

infirmière
шәфкать туташы

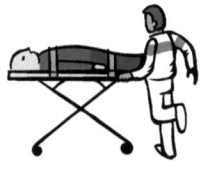

urgence
кичектергесез хәл

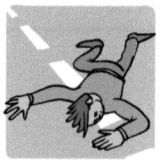

inconscient
аңсыз

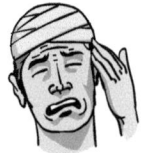

douleur
авырту

blessure

җәрәхәтләнү

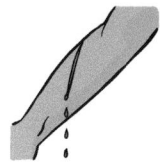

hémorragie

кан агу

crise cardiaque

инфаркт

attaque cérébrale

инсульт

allergie

аллергия

toux

ютәл

fièvre

кызу

grippe

грипп

diarrhée

эч китү

mal de tête

баш авырту

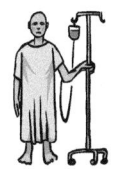

cancer

яман шеш

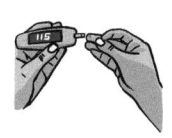

diabète

диабет

chirurgien

хирург

scalpel

скальпель

opération

гамәлият

CT

CT

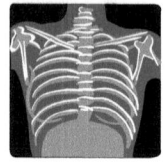

radiographie

рентген

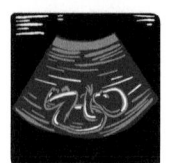

échographie

ультратавыш

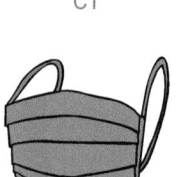

masque

битлек

maladie

авыру

salle d'attente

көтү бүлмәсе

béquille

култык таягы

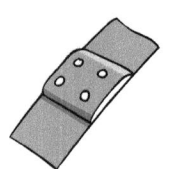

pansement

пластырь

pansement

бәйләвеч

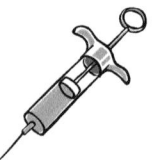

injection

кадау

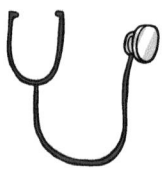

stéthoscope

стетоскоп

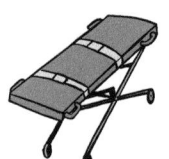

brancard

сәдия

thermomètre

клиник термометр

accouchement

туу

surcharge pondérale

артык авырлык

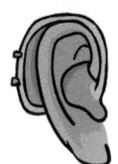

appareil auditif

ишетү җиһазы

désinfectant

дезинфектант

infection

йогыш

virus

вирус

VIH / sida

КИВ / БИДС

médicament

дару

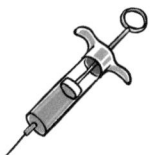

vaccination

вакциналану

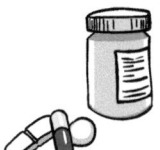

comprimés

таблетлар

pilule

контрацептив таблет

appel d'urgence

ашыгыч чакыру

tensiomètre

кан басымы үлчәгече

malade / sain

авыру / сәламәт

Au secours !	alarme	assaut
Коткарыгыз!	хәвеф тавышы	һөҗүм

attaque	danger	sortie de secours
һөҗүм	куркыныч	ашыгыч чыгу

Au feu!	extincteur	accident
Янгын!	ут сүндергеч	каза

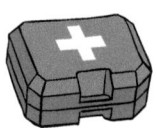

trousse de premier secours	SOS	police
беренче ярдәм букчасы	SOS	полиция

Europe

Аурупа

Amérique du Nord

Төньяк Америка

Amérique du Sud

Көньяк Америка

Afrique

Африка

Asie

Азия

Australie

Австралия

Océan atlantique

Атлантик океан

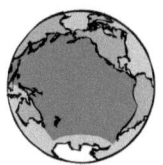

Océan pacifique

Тын океан

Océan indien

Һинд океаны

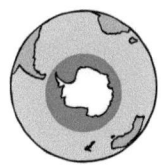

Océan antarctique

Антарктик океан

Océan arctique

Арктик океан

pôle nord

Төньяк котып

pôle sud

Көньяк котып

Antarctique

Антарктика

terre

Җир

pays

коры җир

mer

диңгез

île

утрау

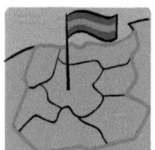

nation

милләт

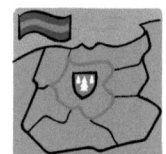

état

дәүләт

cadran

сәгать бите

aiguille des heures

сәгать угы

aiguille des minutes

минут угы

aiguille des secondes

секунд угы

Quelle heure est-il ?

Сәгать ничә?

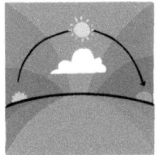

jour

көн

temps

вакыт

maintenant

хәзер

montre digitale

дижитал сәгать

minute

минут

heure

сәгать

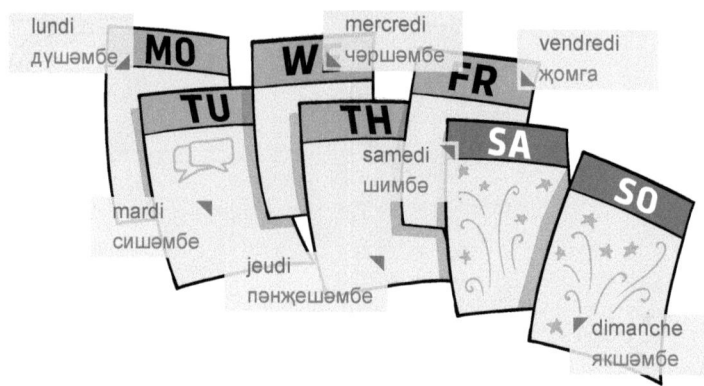

lundi
дүшәмбе

mercredi
чәршәмбе

vendredi
җомга

mardi
сишәмбе

jeudi
пәнҗешәмбе

samedi
шимбә

dimanche
якшәмбе

hier

кичә

aujourd'hui

бүген

demain

иртәгә

matin

иртә

midi

төш

soir

кич

MO	TU	WE	TH	FR	SA	SU
1	2	3	4	5	6	7
8	9	10	11	12	13	14
15	16	17	18	19	20	21
23	24	25	26	27	28	
29	30	31	1	2	3	4

jours ouvrables

эш көннәре

MO	TU	WE	TH	FR	SA	SU
1	2	3	4	5	6	7
8	9	10	11	12	13	14
15	16	17	18	19	20	21
22	23	24	25	26	27	28
29	30	31	1	2	3	4

week-end

ял көннәре

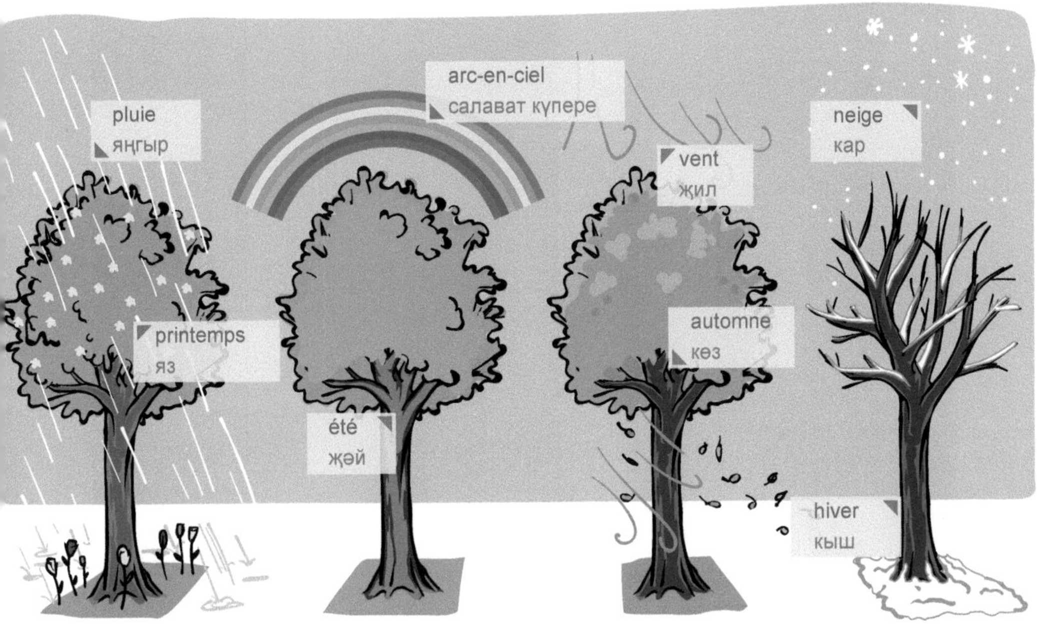

pluie
яңгыр

arc-en-ciel
салават күпере

neige
кар

vent
җил

printemps
яз

automne
көз

été
җәй

hiver
кыш

4.APRIL	11°	☀
5.APRIL	4°	🌧
6.APRIL	13°	⛈
7.APRIL	8°	❄
8.APRIL	10°	☀

météo

hава торышы

thermomètre

термометр

lumière du soleil

кояш яктысы

nuage

болыт

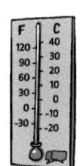

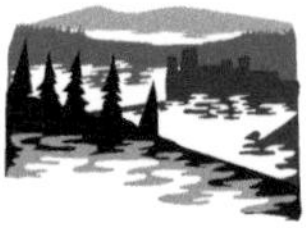

brouillard

томан

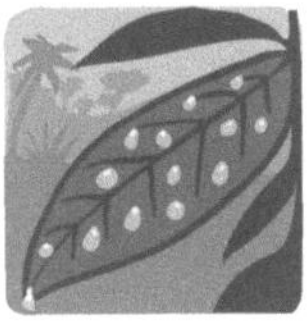

humidité

дымлылык

foudre

яшен

tonnerre

күк күкрәү

tempête

давыл

grêle

боз

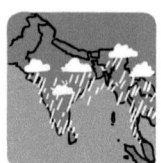

mousson

муссон

inondation

су басу

glace

боз

janvier

гыйнвар

février

февраль

mars

март

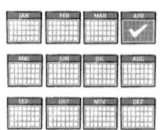

avril

апрель

mai

май

juin

июнь

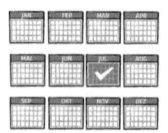

juillet

июль

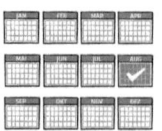

août

август

année - ел

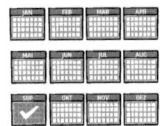

septembre
....
сентябрь

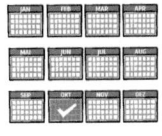

octobre
....
октябрь

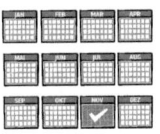

novembre
....
ноябрь

décembre
....
декабрь

---

formes
формалар

cercle
....
түгәрәк

carré
....
дүрткел

rectangle
....
турыпочмак

triangle
....
өчпочмак

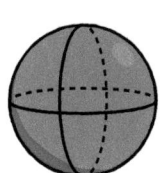

sphère
....
шар

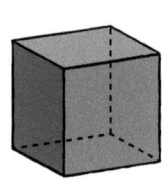

cube
....
куб

blanc

ак

jaune

сары

orange

кызгылт сары

rose

ал

rouge

кызыл

violet

шәмәхә

bleu

зәңгәр

vert

яшел

marron

көрән

gris

соры

noir

кара

beaucoup / peu

···········

күп / аз

fâché / calme

···········

усал / тыныч

joli / laid

···········

матур / ямьсез

début / fin

···········

баш / ахыр

grand / petit

···········

зур / кечкенә

clair / obscure

···········

якты / караңгы

frère / soeur

···········

абый, эне / апа, сеңел

propre / sale

···········

таза / пычрак

complet / incomplet

···········

тәмам / тәмамланмаган

jour / nuit

···········

көн / төн

mort / vivant

···········

үле / тере

large / étroit

···········

киң / тар

comestible / incomestible

ашарга яраклы / ашарга яраксыз

méchant / gentil

яман / яхшы

excité / ennuyé

дулкынланган / ялыккан

gros / mince

юан / ябык

premier / dernier

беренче / соңгы

ami / ennemi

дус / дошман

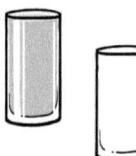

plein / vide

тулы / буш

dur / souple

каты / йомшак

lourd / léger

авыр / җиңел

faim / soif

ачлык / сусау

malade / sain

авыру / сәламәт

illégal / légal

канунсыз / канунлы

intelligent / stupide

акыллы / акылсыз

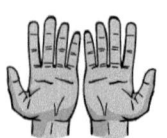

gauche / droite

сул / уң

proche / loin

якын / ерак

nouveau / usé

яңа / кулланылган

rien / quelque chose

һичнәрсә / нәрсәдер

vieux / jeune

өлкән / яшь

marche / arrêt

кабыздырылган / сүндерелгән

ouvert / fermé

ачык / ябык

faible / fort

тавышсыз / гөрелтеле

riche / pauvre

бай / ярлы

correct / incorrect

дөрес / ялгыш

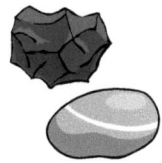

rugueux / lisse

кытыршы / шома

triste / heureux

күңелсез / күңелле

court / long

кыска / озын

lent / rapide

акрын / тиз

mouillé / sec

дымлы / коры

chaud / froid

җылы / салкын

guerre / paix

сугыш / тынычлык

0

zéro

сыфыр

1

un / une

бер

2

deux

ике

3

trois

өч

4

quatre

дүрт

5

cinq

биш

6

six

алты

7

sept

җиде

8

huit

сигез

9

neuf

тугыз

10

dix

ун

11

onze

унбер

12

douze

унике

13

treize

унеч

14

quatorze

ундүрт

15

quinze

унбиш

16

seize

уналты

17

dix-sept

унҗиде

18

dix-huit

унсигез

19

dix-neuf

унтугыз

20

vingt

егерме

100

cent

йөз

1.000

mille

мең

1.000.000

million

миллион

anglais

инглизчə

anglais américain

Америка инглизчəсе

chinois mandarin

Мандарин кытайчасы

hindi

һинди

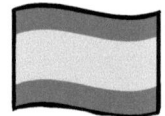

espagnol

испанча

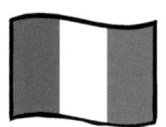

français

французча

arabe

гарəпчə

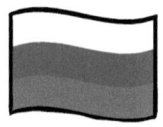

russe

русча

portugais

португалча

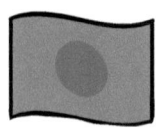

bengali

бенгали

allemand

алманча

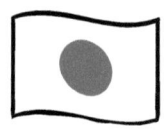

japonais

японча

je

мин

tu

син

il / elle / ce, c', cela

ул / ул / ул

nous

без

vous

сез

ils / elles

алар

Qui ?

кем?

Quoi ?

нәрсә?

Comment ?

ничек?

Où ?

кайда?

Quand ?

кайчан?

nom

исем

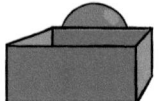

derrière

артта

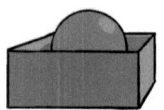

dans

эчендә

devant

алда

au-dessus

өстендә

sur

өстенә

en-dessous

астында

à côté de

янында

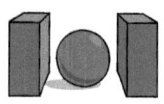

entre

арасында

lieu

урын